Belinda Anton

Mein Shabby Garden

Weiß Wohnen im Grünen

Impressum

Idee, Konzept und Text: Belinda Anton
Fotos: Belinda Anton
Hintergrundfotos: Label: Umschlag, Seite 61, 62, 130, Ivenks/iStockphoto.com; Dame mit Hut: Seite 4, 159, IgorGolovniov/Shutterstock.com; Rahmen: Seite 11, 17, 27, 35, 45, 55, 65, 71, 83, 91, 111, 123, 129, 137, 145, 153, lynea/Shutterstock.com; Dame: Seite 6, 160 Sergey Goryachev/Shutterstock.com; alle weiteren Hintergrundfotos: Belinda Anton
Layout, Satz und Covergestaltung: Karina Moschke
Lektorat und Korrektorat: Regina Sidabras
Programmleitung & Produktmanagement: Susanne Klar, Melissa Brosig
Druck & Bindung: Neografia, Slowakei

© Lifestyle BusseSeewald in der frechverlag GmbH Stuttgart, 2013

Materialangaben und Arbeitshinweise in diesem Buch wurden von den Autoren und den Mitarbeitern des Verlags sorgfältig geprüft. Eine Garantie wird jedoch nicht übernommen. Autoren und Verlag können für eventuell auftretende Fehler oder Schäden nicht haftbar gemacht werden. Das Werk und die darin gezeigten Modelle sind urheberrechtlich geschützt. Die Vervielfältigung und Verbreitung ist, außer für private, nicht kommerzielle Zwecke, untersagt und wird zivil- und strafrechtlich verfolgt. Dies gilt insbesondere für eine Verbreitung des Werkes durch Fotokopien, Film, Funk und Fernsehen, elektronische Medien und Internet sowie für eine gewerbliche Nutzung der gezeigten Modelle.

2. Auflage 2014
ISBN: 978-3-7724-7339-5 · Best.-Nr. 7339

Belinda Anton

Mein Shabby Garden

Weiß Wohnen im Grünen

Lifestyle
BUSSE SEEWALD

Inhalt

Über mich	SEITE	6
Vorwort	SEITE	7
Der Cottage Garden	SEITE	8
Das Jahr beginnt	SEITE	10
Frühlingsluft	SEITE	16
Herrliches Grün	SEITE	26
Ein Ort zum Träumen	SEITE	34
Flieder	SEITE	44
Der weiße Garten	SEITE	54
Stauden und Dauerblüher	SEITE	64
Nostalgie und Romantik	SEITE	70
Det lille Hus	SEITE	82
Rosenromantik	SEITE	90
Bonjour Lavendel	SEITE	110
Herbstzauber	SEITE	122
Apfelfest	SEITE	128
Romantisches Refugium	SEITE	136
Willkommen im Wintermärchen	SEITE	144
Zapfenstreich	SEITE	152
Am Ende angekommen	SEITE	158
Danke	SEITE	159
Bezugsquellen	SEITE	160

Über mich

Zum Gärtnern kam ich erst mit über 30 Jahren, als mein Mann und ich 2005 einen Hof im Hunsrück kauften. Mit viel Geduld verwandelte ich eine vermooste Wiese mit altem Obstbaumbestand in einen wildromantischen Cottage Garden, der wunderbar zum alten Gehöft passt. Viele meiner Bekannten würden hier gern Hand anlegen, so kommt es immer wieder zu Dialogen wie diesen:

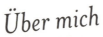

»Schau, das ist doch Unkraut!« – »Ja, klar. Ich nehme es immer für den Salat.«
»Möchtest du nicht die Kuchenform einfetten, sonst setzt sie Rost an.« – »Genau! Das gibt eine tolle Patina!«
»Du musst das Moos von der Mauer entfernen!« – »Ich habe doch tagelang Joghurt daraufgepinselt, damit es so schön wird.«
Mein Stil ist eben anders: »shabby«!

Vorwort

Nach einem anstrengenden Tag sehne ich mich danach, etwas in meinem Garten zu tun. Die vielen Tätigkeiten, die verrichtet werden müssen, sind für mich keine Arbeit, sondern Erholung. Umgeben von leisem Vogelgesang und zarten Blumendüften fühle ich mich mit der Natur verbunden. Das Grün beruhigt und vertreibt alle sorgenvollen Gedanken. Was kann man sich mehr wünschen?

Aber ich jäte, schneide und hacke nicht nur mit Begeisterung – ich wandere immer wieder einfach so mit einer Tasse Kaffee durch den Garten, um ihn zu genießen und ganz aufzunehmen. Und mittags sitzen wir gern bei einem Tee zusammen mit unseren Nachbarn zwischen den Rosen.

Gartenzeitschriften und Gartensendungen im Fernsehen machen deutlich, wie viele Menschen ihre Sehnsucht nach Grün in einem Garten stillen möchten. Wie ist es bei Ihnen? Steht Ihr Garten noch am Anfang oder haben Sie Ihren Wunschgarten bereits verwirklicht?

Ich möchte Sie mitnehmen in die zauberhafte Welt des Cottage Gardens und Ihnen einen Einblick in meinen eigenen Garten gewähren – einen »Shabby Garden« ohne Strenge und formale Linien, bei dem zu allen Jahreszeiten Leichtigkeit und Romantik im Vordergrund stehen. Lassen Sie sich verzaubern und inspirieren …

Ihre Belinda Anton

Der Cottage Garden

Seine Wurzeln hat der Cottage Garden in England. In den Cottages lebten die Landarbeiter und der Garten diente ihnen zur Selbstversorgung. So ergab sich auf engstem Raum eine Mischkultur mit Blumen, Obst, Gemüse und Heilkräutern, auch einige Hühner und Gänse wurden gehalten. Ein einfacher Gartentyp – Wege waren oft zertreten und malerisch überwachsen, Hecken oder Holzlattenzäune grenzten den Garten ab.

Im Wandel der Zeit ist der Cottage Garden unverändert geblieben und er wird immer beliebter. Es liegt im Trend, selbst angebautes Gemüse und Obst sowie Würz- und Heilkräuter für die Küche zu verwenden. Tiere werden meist zur Freude, nicht zum Nutzen gehalten.
Durch den zwanglosen Stil ist so ein Garten gerade für Anfänger bestens geeignet. Hier ist Platz für Romantik, Nostalgie und die Verwirklichung eigener Ideen.

Beliebte Blumen im Cottage Garden sind Fingerhut, Jungfer im Grünen, Schmuckkörbchen, Rosen, Dahlien und Rittersporn. Für Beeteinfassungen und Abzäunungen werden natürliche Materialien verwendet. Kleine Teiche aus alten Zinkwannen und die alte, aber sehr nützliche Zinkgießkanne fügen sich harmonisch ein. Alte Stühle und Bänke dienen immer noch als Topfablage oder verschönern mit Kränzen behängt den Garten. Die Trittplatten sind mit Moos bewachsen und Wildkräuter bleiben für Insekten und zur Verwendung in der Küche stehen.

Weitläufige Rasenflächen passen nicht ins Bild. Lücken werden sofort mit Pflanzen gefüllt oder mit Dekorationen verschönert. Dazu wird alles bepflanzt, was in Scheunen, auf dem Flohmarkt oder im Haushalt zu finden ist: alte Zinkgegenstände, Emailleeimer, alte Ziegel, Töpfe, Holzfässer oder Kannen. Der Cottage Garden ist deshalb auch wie geschaffen für den Shabby-Stil mit seinen romantisch-verspielten Dekorationen.

Das Jahr beginnt

Der Januar empfängt uns mit seinen eiskalten Nächten und nebligen Tagen. Bei diesem Wetter sehnen wir uns nach frischem Grün und kleinen Farbtupfern.
Der Frühling kommt mit einem Stück Garten ins Haus: Aus vorgezogenen Frühlingsblühern werden die schönsten Arrangements gezaubert. Alte Saucieren und Suppenterrinen erwachen mit Hyazinthen und Tulpen zu neuem Leben, in Sammeltassen strahlen kleine Blüten – viele ausrangierte Küchengegenstände werden mit Blumen ins rechte Licht gerückt.
Die Zwiebeln werden anschließend in den Garten gepflanzt, so bringen sie im nächsten Jahr erneut Freude.

Zwiebelblüher lassen sich wunderbar in reizvollen, alten Küchenutensilien arrangieren. Auch alte Sammeltassen erhalten so mal wieder einen besonderen Auftritt. Die Erde mit etwas Moos bedecken, das wirkt bezaubernd wie im Wald.

Gerade jetzt verbringe ich viel Zeit in der Küche. Ich versuche mich an neuen Gartenrezepten, Senfsorten, Marmeladen, Kuchen und anderen Gaumenfreuden. So verwöhne ich Augen und Nase sowohl mit kulinarischen Köstlichkeiten als auch mit Blumenarrangements und kleinen Kränzen.

Frühlingsluft

Die Tage werden länger, der Garten erwacht aus seinem Dornröschenschlaf. Die ersten Frühblüher strecken sich der Sonne entgegen und für Gartenbegeisterte gibt es nun kein Halten mehr, es herrscht Aufbruchstimmung. Neue Projekte werden geplant, Schalen und Töpfe stehen zum Bepflanzen bereit. Hölzernes bekommt einen neuen Anstrich.
Überall gibt es Neues zu entdecken: Wie weit sind die im Herbst gepflanzten Stauden, was hat sich neu versamt? Und haben es meine Rosen alle über den Winter geschafft? Vogelmiere, Knoblauchrauke und Co. warten nur darauf, in köstliche Gaumenfreuden verwandelt zu werden.
Ich genieße jeden Tag mit allen Sinnen, denn viel zu schnell geht dieser Zauber vorüber.

Noch lässt die üppige Staudenvielfalt in den Beeten auf sich warten, aber das vielseitige Angebot an Topfpflanzen in Zinkwannen, Eimern, Kannen und Töpfen arrangiert bringt im Handumdrehen eine einladende Blütenfülle. Vor möglichen Nachtfrösten werden Schalen und Wannen mit einem Vlies geschützt. Viele Topfpflanzen wandern nach dem Abblühen in den Gartenboden.

Hinaus in den Garten

*Selbst geerntete Samen bewahre ich in selbst gebastelten Tütchen auf.
Sie sehen schön aus und jeder Gärtner freut sich über solche Mitbringsel.
Jetzt werden die Samen vorgezogen oder kommen bei entsprechenden
Temperaturen ins Freiland.*

*Was jetzt als Samen in die Töpfe kommt,
verschönert in einigen Monaten
als prächtige Pflanze das Beet.
Meine Sammelleidenschaft:
Pflanzglocken! Sie sind nützlich und auch
ein schöner Blickfang auf den
Pflanztischen.*

Verliebt in den Frühling

Herrliches Grün

Unsere Vorfahren gaben ihr Wissen über Wildkräuter von Generation zu Generation weiter. Es war selbstverständlich, diese Kräuter zu sammeln und zum Würzen von Speisen und zu Heilzwecken zu verwenden. Als Gewürze immer günstiger wurden, gerieten die Wildkräuter in Vergessenheit. Heute sind sie wieder auf den Speisekarten von Restaurants zu finden. Auf Kräutermärkten oder in Onlineshops gibt es mittlerweile eine große Auswahl von Wildkräutern. Die beste Zeit zum Sammeln ist der frühe Morgen, wenn der Tau abgetrocknet ist. Sammeln Sie achtsam und nur so viele, wie wirklich nötig sind.
Einige meiner Lieblingskräuter stelle ich auf den folgenden Seiten vor.

Wiesenschaumkraut

Kommt der April, »schäumen« meine Wiesen in Weiß und Lila. Lieblich zart bilden tausende der kleinen Blüten einen Zauberteppich unter den Obstbäumen, der richtige Platz zum Träumen und Schwelgen – und er zieht mich magisch an. Schon morgens, wenn der Tau weggetrocknet ist, streife ich mit einem kleinen Korb durch diese Blütenwolken in Pastell und sammle sie für mein Mittagessen oder schmackhafte Brotaufstriche.

Der leicht kresseartige Geschmack passt wunderbar zu Salaten, Kräuterquark und Eierspeisen. Aber am liebsten verwende ich das Wiesenschaumkraut für meine Blütenbutter.

Waldmeister

Wie ein flauschiger Teppich breitet sich das zarte Grün zwischen meinen Funkien und Hortensien aus. Dicht an dicht stehen die bis zu 30 cm hohen Halme mit ihren lanzenförmigen Blättern. Ab April erscheinen dann die zartweißen Blüten. Im Frühjahr ernte ich das Kraut in kleine Körbchen und breite es dann etwa 2 Tage auf einem Küchenrost zum Antrocknen aus. Dadurch wird das Cumarin freigesetzt, das den herrlichen Duft und den typischen Geschmack des Waldmeisters ausmacht. Das Aroma wird so intensiver und das ganze Haus ist »parfümiert«. Ich binde zwei Sträußchen für den Schrank. Auf diese Weise bekommt meine Wäsche nicht nur eine feine Note – Waldmeister ist auch ein tolles Mottenmittel.

Waldmeistersirup

Eine gute Handvoll
angetrockneter Waldmeister
500 ml Wasser
500 g Zucker
1 Päckchen Zitronensäure

Alles in einem Topf aufkochen, bis sich der Zucker gelöst hat. Zugedeckt einen Tag stehen lassen, abseihen und in Flaschen füllen.
Mit Sekt oder Wasser ist der Sirup eine herrliche Erfrischung und zum Verfeinern von Süßspeisen oder Kuchen einfach lecker.

Tipp Für eine Erdbeer-Biskuitrolle die Creme mit einem Schuss Waldmeistersirup aromatisieren.

Schafgarbe

Jeder kennt diese 30 – 80 cm hohe Pflanze, die auf Wiesen, an Wegrändern oder auf Schutthalden anzutreffen ist. In Gärtnereien wird sie nicht nur in Weiß, sondern in vielen Farben angeboten. So passt diese robuste Pflanze in fast jedes Beet, macht sich aber auch in Zinkwannen oder Töpfen gut. In Sträuße und Kränze gebunden, ist sie langlebig und verschönert Tische und Türen.

In der Küche verwende ich die gewöhnliche Schafgarbe, dafür ernte ich die noch jungen Triebe. Sie schmecken nussig-scharf und erinnern an Muskat. Mit den Blüten aromatisiere ich Salz und Zucker. Wie beim Löwenzahn sind ihre Bitterstoffe sehr gesund. Schafgarbe eignet sich für Eierspeisen, Brotaufstriche, Gemüsepfannen, Suppen, Hackfleischbällchen oder Salate. Mein Geheimtipp ist Schafgarbe im Pfannkuchenteig!

Augenbraue der Venus

Ein Ort zum Träumen

Im April verwandeln sich die so lange unscheinbaren, kahlen Bäume in herrliche Blütenwolken, ein romantischer Schleier liegt über dem gesamten Garten. Viel zu schnell verschwindet dieser Zauber aus Rosa und Weiß.
Ich erfreue mich im Frühling vor allem an den tollen Blüten der Magnolie und den Obstbäumen auf der Streuobstwiese, die zu meinem Garten gehört. Apfel, Kirsche, Mandelbäumchen, Mirabelle, Birne und das kleine Pfirsichbäumchen holen im Finale eine magische Winterkulisse zurück: Es »schneit« nun tagelang Blütenblätter und ich wandele über weiße Flächen, das unermüdliche Summen der Bienen wie Musik im Ohr.

Zwischen zartem Grün und blühenden Apfelbäumen zelebrieren wir den Frühling. Mit einem erfrischenden Waldmeistergetränk verwöhnen wir unseren Gaumen und genießen die wärmenden Sonnenstrahlen auf der Haut. Das Landleben zeigt sich von seiner schönsten Seite.

Der verwitterte Stuhl bekommt ein nostalgisches Festgewand und ist so wieder ein neuer Blickfang im Garten. Alte Nachthemden und Kleider eignen sich wunderbar, zu Hussen umgearbeitet zu werden.

Der Schatten unter dem mächtigen Walnussbaum bietet ein kühles Plätzchen zum Verweilen. In der Kanne ist ein üppiger Strauß Wiesenkerbel von der Wiese nebenan dekoriert. Ich liebe diese filigranen Blüten und Stängel, auch in der Küche verwende ich sie. Von hier schweift der Blick in den Garten und hinüber auf die angrenzende Wiese, die für die Pferde der Nachbarin abgeteilt wurde. Meine beiden Hausschweine Herkules und Odin habe ich von hier aus gut im Blick. Ihr Lieblingsplatz ist die Streuobstwiese.

Das ist blütenweiße Poesie: Rosen, Lisianthus oder Schleierkraut in zarter Liaison mit weißem Porzellan. Eine so liebevoll arrangierte Tafel aus romantischen Blumen und alten Familienschätzen oder Flohmarktfunden ergibt ein idyllisches Bild.

Blumengrüße empfangen die Gäste

Flieder

Flieder verzaubert nicht nur mit seinem feinen Duft, auch mit Farbe und Schönheit seiner Blütenstände. War Flieder früher nur in blauvioletten Tönen bekannt, schweben heute Blütenwolken in Rosé, Lila, Magentarot, Purpurrot, Violett, Blau und meiner Lieblingsfarbe Weiß um Haus und Garten. Wenn ich am Morgen das Fenster meines Schlafzimmers öffne, parfümiert ein roséfarbener Flieder mit Zitrusnote meine Räume. Wunderbar – ließe sich dieser Duft doch einfangen! Flieder ist aus den Gärten nicht mehr wegzudenken und so habe ich noch den einen oder anderen auf meiner Pflanzliste stehen.

Zu meinen Lieblingssorten gehören:
Syringa vulgaris »Beauty of Moscow®«: Die zuerst rosafarbenen Knospen öffnen sich zu dicht gefüllten cremeweißen Blüten mit einem Hauch von Rosa.
Syringa vulgaris »Professor Hoser«: Die purpurfarbenen Knospen öffnen sich zu hellblauen Blüten.
Syringa vulgaris »Sovetskaya Arktika«: Eine doppelt gefüllte Sorte mit reinweißer Blüte.
Syringa vulgaris »Angel White«: Wunderschöne weiße, blühfreudige Sorte.
Syringa vulgaris »Madame Lemoine«: Gefüllte Blüte mit starkem Duft, diese Fliedersorte erhielt zwei Auszeichnungen.

Gartenmöbel aus Kunststoff haben in einem romantischen Shabby Garden nichts zu suchen. Hier schaffen weiß gestrichene Biergartenstühle mit bequemen Kissen — umgeben von blühendem Flieder — die vollendete Atmosphäre zum Entspannen.

Wir genießen diese Frühlingsmomente mit ihren Farben und Düften. Hier erfreuen Flieder und Schopflavendel in nostalgischen Gefäßen. Auch der Engel scheint mit seinem Sitzplatz sehr zufrieden.

Der weiße Garten

Unser uneinsehbarer Sitzplatz liegt recht weit vom
Haus entfernt, aber im Mai gönnen wir
uns mehrmals am Tag einen Tee und andere
Köstlichkeiten im weißen Garten. Für diese
Gelegenheit steht immer ein großer Korb bereit, mit
Tassen und Kanne befüllt. Duftstauden, Sträucher
und Rosen säumen den Weg und die angrenzende
kleine Mauer.
Das Auge ruht auf sanftem Weiß. Die ersten Rosen
blühen. Phlox, Baldrian und Jasmin verwöhnen
mit ihrem Duft. Hier und da schweben die dicken
Köpfe des Zierlauchs im Beet und Steppenkerzen
residieren majestätisch neben prächtigen Mohnblüten
und Fingerhüten.
Der gewundene Weg führt vorbei an Königskerzen,
filigranem, leicht schwingendem Fenchel und der Rose
»Schneewittchen®« in den kleinen Heilkräutergarten.

Zuerst sehr vorsichtig und unscheinbar zeigt sich die Knospe, um sich für den spektakulären Höhepunkt vorzubereiten. Wenn sich zum Finale die Traumblüte der Pfingstrose öffnet, begeistern sie jeden, der vorbeikommt.

White Garden

Holunder

Gleich im Hof begrüßen hohe Holunderbüsche den Besucher mit einem cremeweißen Blütenmeer. Die vielen Blütensternchen jeder Dolde verströmen den typischen Holunderduft im Garten. Als »Apotheke des armen Mannes« galt der Holunder früher, er wurde sehr bewusst an Haus und Hof gepflanzt, um vor bösen Mächten zu schützen. Blüten, Beeren, Blätter und Rinde wurden zum Heilen verwendet. Für die Kelten war er der »heilige Baum«.
Wir verwöhnen uns mit selbstgemachten Köstlichkeiten wie Limonade, Sirup, Marmelade, gebackenen Holunderblüten in Pfannkuchenteig, Eis und Kuchen. Die Vorfreude auf den Herbst ist groß, wenn die am Strauch gereiften, dunklen Beeren geerntet werden können.

In unserem Garten:
Gewöhnlicher Holunder
Holunder »Haschberg« – mit gutem Ertrag
Holunder »Black Beauty®« – zauberhafte dunkle, braunrote Belaubung, rosa Blüten
Holunder »Black Lace®« – Belaubung geschlitzt, rosa Blüten
Kanadischer Gold-Holunder – Belaubung goldgelb, Beeren hellrot

Holundersirup

5 Holunderblütendolden
1 l Wasser
1 Päckchen Zitronensäure
500 g Zucker

Die Blütendolden nicht waschen, nur ausschütteln. Danach in einen Behälter schichten. Das Wasser mit der Zitronensäure und dem Zucker aufkochen und noch heiß über die Blüten gießen. Etwa 5 Tage ziehen lassen. Anschließend durch ein Tuch filtern und in Flaschen abfüllen.
Im Kühlschrank aufbewahrt hält der Sirup bis zu einem Jahr.

Tipp Mit dem Sirup verfeinere ich auch meinen Käsekuchen!

Holunderscones

250 g Mehl
20 g Zucker
1/2 TL Salz
2 TL Backpulver
40 g Butter
150 ml Milch
1 Schuss Holunderblütensirup
Verquirltes Ei zum Bestreichen

Mehl, Zucker, Salz, Backpulver, Butter in Flöckchen, Milch und Holundersirup zu einem homogenen Teig verarbeiten. Diesen auf einer bemehlten Arbeitsfläche zu einem etwa 3 cm dicken Fladen formen. Mit einem kleinen Glas runde Stücke ausstechen. Auf ein mit Backpapier ausgelegtes Blech setzen und mit verquirltem Ei bepinseln. Im vorgeheizten Backofen bei 250° C etwa 10 Minuten goldbraun backen

Holunderblütencreme

4 Eigelb
40 g Zucker
3 EL Speisestärke
50 ml Holunderblütensirup
250 ml Sahne

Eigelbe und Zucker cremig rühren. Die Speisestärke mit dem Sirup glatt anrühren. Die Sahne aufkochen und den Sirup darunterrühren. Die Eigelbmasse hinzufügen und unter ständigem Rühren andicken. Abkühlen lassen und in Gläser oder Schalen füllen.

Tipp Am besten zu Scones, als Kuchenfüllung oder zu Waffeln reichen.

Stauden und Dauerblüher

In meiner Zeit als Garteneinsteigerin habe ich mich vor allem auf Rosen konzentriert, doch in ihren Blühpausen wurde mein Garten nur vom Grün dominiert.
Nach nunmehr sechs Jahren findet sich eine Vielzahl Stauden in Weiß, Blau und Rosé in verschiedenen Nuancen. Ich halte sie bewusst nicht zu bunt.
Blühpausen gibt es nun nicht mehr.
Ich bevorzuge anspruchslose Stauden, die in den heißen Sommermonaten nicht ständig gegossen werden müssen. Wunderschöne Dauerblüher sind Duftnessel, Quendel, Bertramsgarbe, Alant, Prachtkerze, einjährige Schmuckkörbchen, Storchschnabel, Leinkraut, Knöterich und Eisenkraut. Fingerhut dominiert im weißen Garten, aber auch in den anderen Beeten ist er zahlreich vertreten. Imposant und ebenso schön ist die Engelwurz. Die leckeren Samen ernte ich für die Küche, sie schmecken würzig und sind sehr gesund.

Der Fingerhut gehört zu meinen Lieblingsstauden. Hier und da wiegen sich die Stängel im Wind und die vielen Blüten dienen als Landeplatz unzähliger Hummeln und anderer Insekten. Ich nenne ihn »Elfengarderobe«, denn für mich sehen die Blüten aus wie Elfenhüte — hübsch aufgereiht auf einer Hutablage. Dem Schattengarten geben sie eine besondere Atmosphäre und erwecken den Eindruck, dass hier das Feenreich beginnt.

Eine der eindrucksvollsten Stauden in meinem Garten ist der Akanthus, auch Bärenklau genannt. Die bis zu 1 Meter hohen Blütenstände wachsen zu stattlichen Horsten heran. Die weißrosafarbenen Blüten und violetten Hochblätter ergeben einen tollen Kontrast. Als Solitärstaude vor rustikalen Mauern oder Zäunen betont sie die Landhausatmosphäre. Für die kalte Jahreszeit empfiehlt sich ein Mäntelchen aus Tannen.

Nostalgie und Romantik

Mit Nostalgie verbinde ich Kindheitserinnerungen
an die große Wohnküche der Nachbarin.
Der alte Ofen schenkte behagliche Wärme, die vielen,
überall verteilten Küchenaccessoires mit ihrem
unbeschreiblichen Charme schufen eine urgemütliche
Atmosphäre. Es roch nach selbst gebackenen Plätzchen,
die in einer leicht verbeulten Emailleschale serviert
wurden, und warme Milch schmeckte nie wieder
so gut, wie damals.
Das alte Haus mit vielen Dingen aus Großmutters
Zeiten war spannend und weckte meine Neugier.
Direkt neben der Küche befand sich der Stall.
Der Schweinegeruch hielt mich nicht ab, in all den
Gerätschaften zu stöbern.
Dieser Zauber längst vergangener Tage wird durch den
Shabby-Stil zu neuem Leben erweckt. Emaille, Zink
und Co. fügen sich harmonisch in den Cottage Garden
ein und bilden einen reizvollen Blickfang.

Schön rostig

Direkt neben der Haustür empfängt dieses romantische Arrangement »in Rost« den Besucher.
Vor allem die schweren, alten Backformen kommen wunderbar zur Geltung.
Je nach Saison bepflanze ich sie mit Blumen. Auch ein altes Bügeleisen hat hier einen Platz gefunden und wurde mit Sukkulenten verschönert.

Betonkuchen

Estrichbeton oder Zementmörtel und Wasser mischen, bis eine homogene Masse entsteht. Diese dann vorsichtig in eine alte, eingefettete Backform schütten. Ich verwende dafür große und kleine Gugelhupfformen, Springformen und Kinderbackförmchen. Silikonformen sind nicht geeignet, denn die Form muss mehrmals kräftig aufgeklopft werden, damit vorhandene Luftblasen entweichen.

Nach einem Tag ist der »Teig« noch nicht ganz ausgehärtet, lässt sich aber gut aus der Form lösen. Bis zur vollständigen Aushärtung stelle ich ihn in einen Schuppen. Meine Kuchen bleiben meist unbearbeitet oder ich male sie weiß an.

Sie sind eine wunderschöne Tischdekoration für die Kaffeetafel. Binden Sie ein hübsches Spitzenband um den »Kuchen« und legen Sie eine Rosenblüte in die Öffnung.

Unsere größten Erlebnisse sind nicht unsere lautesten, sondern unsere stillsten Stunden.

Jean Paul

Berauschendes Weiß

Im Sommer erweitert der Garten den Wohnbereich und so werden auch meine Gartenzimmer liebevoll dekoriert. In den Wintermonaten zieht ein Teil der Dekorationen in den Innenbereich.

Detailverliebt und romantisch

Det lille Hus

Ein großes, mit Maschendraht eingezäuntes Gelände entpuppte sich als ehemaliger Nutzgarten mit verschiedenen Gemüsesorten, Kartoffeln und Beeren. Jahrelang lag er brach, Ackerknöterich, Wicke und andere Pflanzen eroberten ihn. Auch nach intensiver Arbeit kam immer wieder ungewolltes Grün hervor. Da kehrte ich diesem Gartenstück erst einmal den Rücken.

Im letzten Jahr wollte ich dann aber doch die Fläche wieder nutzen. Hier liegt die höchste Stelle des Gartens mit einem traumhaft schönen Blick über die schon angelegten Beete bis hin zum nahen Wald. »Hier müsste man sitzen«, dachte ich – und mein lang gehegter Wunsch nach einem kleinen überdachten Außensitz wurde von meinem Mann erfüllt: Er baute »Det lille Hus«. Hier verbringen wir viele Nachmittage geschützt vor zu viel Sonne oder Regen. Auch meine Tiere lieben das Häuschen. Gern dösen sie hier im Schatten, während ich pflanze. Denn inzwischen wurde der Garten mit allerlei Pflanzen zum Leben erweckt. Mein »Shabby Garden« wird sich auch hier entwickeln.

Diese mehrjährige Wicke benutze ich den ganzen Sommer über für Kranzgebinde und verschönere mit den Ranken Zäune und Stühle.

Rosenromantik

Im Juni verwandeln mehr als hundert blühende
Rosen meinen Garten in ein Idyll voller Düfte.
Über Nacht haben die Ramblerrosen ihr schönstes
Kleid übergestreift und verströmen betörenden Duft.
Den Zauber dieses kurzen Schauspiels will ich
auf keinen Fall versäumen. Hier schmecken Kaffee
und Rosentorte noch viel köstlicher. Eine alte,
ausgediente Porzellankanne heißt Gäste mit einem
Rosenbukett willkommen.
Die Blätter der »Rose de Resht« und anderer
Duftrosen werden für köstliche Rosenspezialitäten
gesammelt. Vor allem die Damaszenerrosen haben
ihren festen Platz in leckeren Rosenrezepten. Auch
Stecklinge schneide ich jetzt, mit einer Glashaube
geschützt kommen sie in die Gartenerde. Einige von
ihnen werden mich schon im nächsten Jahr mit ihrer
Blüte erfreuen.

In der Rosenblüte zeigt sich die Natur in schönster Perfektion. Kleine verzweigte Rosen ergeben nicht nur wie hier in einem ausrangierten Milchkännchen einen tollen Blickfang, sie lassen sich auch wunderbar in Kränze einbinden, frisch und getrocknet.

Ein Platz zum Verweilen

Tipp Stecklinge ziehe ich im Juni und Juli. Aus einem etwas dickeren, gesunden Ast schneide ich etwa 15 cm große Stücke.

Nichts schafft mehr Romantik als Rosen. Wie aus einem Märchen erscheint »Paul's Himalayan Musk®« mit ihren kleinen, porzellanartigen weißen Blüten, überpudert mit einem Hauch von Rosé. Zusammen mit altmodischer Weißwäsche bildet sie ein charmantes Duett, das als Sicht- und Sonnenschutz für den dahinterliegenden Sitzplatz dient. Auch zeigt sie sich dem Himmel verbunden, denn ihr Weg an einem alten Birnbaum führt weit nach oben.

Diese wunderschöne Rose namens »Eden Rose 85®« mit ihrem nostalgischen Flair war die erste auf meiner Wunschliste. Für sie wurde das erste Pflanzloch in meinem Garten ausgehoben. Wo das ehemalige Backhaus stand, sollte ein romantischer Sitzplatz entstehen: einige Rosen, ein Tisch und Gartenstühle. Nach nur vier Jahren wurde ich mit üppigem Wuchs und gesundem Blattwerk beschenkt. Die unzähligen, handtellergroßen Blüten wirken einfach märchenhaft und so nehme ich sie gern als Dekoration für meine Gartentische.
Bei einem Wintereinbruch vor zwei Jahren erfroren alle Äste, aber die Rose gab nicht auf! Heute hat sie ihre beeindruckende Form und Größe schon fast wieder erreicht.
Diese traumhafte Rose gefiel mir so gut, dass sie inzwischen noch zwei weitere Plätze in meinem Garten schmückt.

Harlekin®

Rhapsody in Blue®

Jacques Cartier

Cardinal de Richelieu

Mein Herz schlägt für purpurfarbene Rosen. Viele Sorten gehören zur Gattung »Rosa Gallica«, einer europäischen Rose mit guter Winterhärte und anziehendem Duft – darunter: »Cardinal de Richelieu, »Tuscany, »Tuscany Superb«, »Œillet Parfait«, »Gloire des Jardins«, »Aimable rouge«, »Belle de Crécy«, »Charles de Mills«, »Duc de Guiche«. Schönheiten in Purpur sind auch die Damaszenerrose »Rose de Resht«, die Moosrosen »Nuits de Young« und »William Lobb« sowie die Remontantrose »Reine de Violettes«.

Romantisches Duell könnte es hier bei den Ramblerrosen »Bonny®« und »Bobbie James« heißen, doch sie wachsen zusammen in zarter Harmonie.

Im Garten gibt es eine Ecke nur für meine wunderbar duftenden Malerrosen. Die Rose »Camille Pissaro®« ist ein Fest für jeden Betrachter, denn keine Blüte gleicht der anderen.

In diesen romantischen Kranz habe ich die Rose »Pink Grootendorst®«, weiße Spornblumen und kleine Zwiebelchen eingebunden. Die Blüten können auch in einen gewässerten Steckschaumring eingearbeitet werden. Durch das Wasser bleibt der Kranz frisch. Die Zwiebeln jeweils mit einem Zahnstocher befestigen. Mit einem Schleifen- oder Spitzenband in passender Farbe entsteht ein romantisches Gebinde.

New Dawn®

Eden Rose 85® & Pomponella®

Madame Figaro®

Madame Figaro®　　　　Schneewittchen®

Madame Figaro®

Rosen-Badepralinen

25 g Kokosfett
250 g Natron
120 g Milchpulver
120 g Zitronensäure (Pulver)
Getrocknete Rosenblütenblätter
Rote-Bete-Pulver (Lebensmittelfarbe)
Ätherisches Öl »Rose«
Getrocknete Rosen zur Verzierung
Haushaltshandschuhe

Das Fett im Wasserbad schmelzen. Alle Zutaten in einer Schüssel vermischen und das geschmolzene Fett unterrühren. Handschuhe anziehen und alles gut durchkneten, bis die Konsistenz feuchtem Sand entspricht. Fehlt Flüssigkeit, etwas Wasser zugeben. Das Natron verursacht ein zischendes Geräusch, einfach zügig einarbeiten.
Die Masse fest in kleine Gläser drücken, sofort stürzen und trocknen lassen. Anschließend mit kleinen getrockneten Rosen verzieren.
Keine Silikonformen verwenden, Gläser eignen sich sehr viel besser.
Badepralinen in einem kleinen Karton oder in Klarsichtfolie verpackt sind ein wunderschönes Geschenk.

Savon à la rose

Bonjour Lavendel

Wegen seiner Schönheit und seines unvergleichlichen Duftes wird der Lavendel geliebt und ist weltweit in vielen Gärten anzutreffen. Für mich ist er eine Pflanze, die ihren Charme nie verliert. Ganz langsam schreite ich durch mein kleines Lavendelfeld mit 20 verschiedenen Sorten von Weiß über Rosa bis hin zu den unterschiedlichsten Blautönen. Aber auch zwischen meinen Kräutern und Stauden kommt der Sommerblüher gut zur Geltung, die unterschiedlichen Höhen in den Beeten ergeben eine perfekte Staffelung. Meine Kissenbezüge hänge ich oft zum Trocknen über die Lavendelbüsche. Und auch für Lavendelkissen und Potpourris verwende ich die blaue Blume gern. Duftsäckchen im Kleiderschrank halten die Motten fern und verleihen den Kleidungsstücken ein frisches Parfum.

In der Küche dezent eingesetzt, wird Lavendel zur Köstlichkeit, sowohl für Süßes als auch für Herzhaftes: zum Aromatisieren von Zucker, sommerlichen Grillgerichten, Marmelade, Kuchen, herzhaften Tartes, Huhn, Fisch und vielem mehr.

Ein Ort zum Träumen ist ein kleiner Sitzplatz in der Nähe meines Lavendelfeldes. Der Lavendel verzaubert durch seinen intensiven Duft und seine filigranen Blütenstände. Umringt von den unzähligen Flügelschlägen der Schmetterlinge und dem Summen der Bienen und Hummeln schreibe ich kleine Kärtchen. Die Umschläge werden später mit einigen Lavendelzweigen parfümiert.

Drinnen wie draußen im Blütenduft schwelgen

Diese wunderschöne Lavendelsorte findet sich nicht nur in meinem Lavendelfeld, sie dient auch als Beeteinfassung.
Die rosa blühende »Miss Katherine« wird 60 – 70 cm hoch und ist ein Blickfang im Garten. Zwischen weißen Lavendelsorten gepflanzt ergibt sich ein zartes Bild mit zauberhaftem Charme. Sie wird bei mir vor allem frisch verwendet, da die Blütenfarbe so am besten zur Geltung kommt. Zum Kranz oder in Sträuße gebunden sind die Blüten ein besonderes Geschenk oder eine reizvolle Dekoration für das Haus.

Die Blüten des Schopflavendels erscheinen auf kurzen Stängeln und erinnern an Hasenohren. Im zeitigen Frühjahr wird er in den Gärtnereien angeboten und ist eine Zierde in Töpfen und Kübeln. Für die Küche und zum Trocknen ist er nicht geeignet. Da er frostempfindlich ist, bevorzuge ich die Pflanzung in schönen Gefäßen statt im Erdreich.

Bügelwasser

1 l Destilliertes Wasser
8 Tropfen Lavendelöl
3 Tropfen Cremophor EL
4 Tropfen Zitronensaftkonzentrat

Alles miteinander verrühren, wobei der Lösungsvermittler Cremophor EL dafür sorgt, dass sich Öl und Wasser vermischen. Zum Verschenken in eine schöne, verschließbare Glasflasche füllen und mit einem nostalgischen Klebeetikett versehen.

Lavendelsirup

2 l Wasser
1,5 kg Zucker
1 Handvoll frische Lavendelblüten

Wasser kochen und über den Zucker und den Lavendel gießen.
3 bis 5 Tage durchziehen lassen, absieben und in saubere Flaschen füllen. Kühl lagern.
Mit Wasser oder Prosecco ein Genuss!

Im Flechten einer »Fusette de lavende« bin ich noch nicht so geübt. Es ist eine Kunst aus vergangenen Zeiten, die über Generationen weitergegeben wurde. Für so einen Lavendelzapfen sollte man sich etwas Zeit nehmen. Mit einem schönen Satinband wird Stängel für Stängel verflochten.

Meine Lavendelkissen sind beliebte, duftende Geschenke. Seife mit Lavendelduft ist einfach ein Muss für Lavendelliebhaber.

Herbstzauber

Morgens ist es jetzt kühl im Garten. Am Wegrand tragen die Blätter des Frauenmantels glänzende Perlen. Der Garten verwandelt sich in ein farbenfrohes Paradies aus braunroten Tönen.
Der Herbst ist für mich eine besondere Jahreszeit – das Licht ist warm und weich und die Temperaturen sind ideal für viele Gartentätigkeiten. Herbstfrüchte, bunte Blätter und Beeren werden nun gesammelt, Kränze gebunden, Stauden geteilt und Knollen für das nächste Frühjahr ausgelegt. Jetzt ist Pflanzzeit für Zierlauch, Frühjahrsblüher, Steppenkerzen und wurzelnackte Rosen. Sträucher und Bäume kommen in die Erde.
Ich nutze die letzten Gartentage und nehme alles bewusst auf, um lange davon zehren zu können:
Einige vorwitzige Dahlien wiegen sich sanft im Wind. Wie kugelige Windlichter erhellen die Blütenstände der Schneeballhortensie »Annabelle®« schattige Gartenpartien. An der Wand im Hof leuchten die unzähligen tiefroten Hagebutten der Wildrose. Für Kränze und kleine Tischdekorationen verwende ich sie gern.

Pannacotta

1 Vanilleschote
400 g Sahne
100 g Zucker
3 Blatt Gelatine
1 Schuss Rosensirup
Etwas Rosenzucker und Blütenblätter zum Verzieren

Die Vanilleschote längs aufschneiden und das Mark mit der Sahne und dem Zucker in einem Topf etwa 10 Minuten unter ständigem Rühren köcheln lassen. Die Gelatine einweichen, ausdrücken und in der heißen Sahne auflösen. Einen Schuss Rosensirup hinzugeben und in Gläser abfüllen. Im Kühlschrank mindestens 2 Stunden kalt stellen.
Mit Rosenzucker und Blüten dekorieren.

Dieses Jahr zeigt sich der Herbst von seiner schönsten Seite und beschert uns ganz viele trockene Sonnentage. Zum Kaffee im Garten gibt es selbst gemachte Pannacotta.

Das beste aller Güter ... ist die Ruhe,
die Zurückgezogenheit und ein Plätzchen,
das man sein Eigen nennen kann.

Jean de la Bruyère

Hortensien sind frisch und getrocknet eine Augenweide.

Apfelfest

Wenn die Tage kürzer werden und Nebelschwaden durch den Garten ziehen, steht die Apfelernte bevor. All die leckeren Apfelsorten unseres umfangreichen Obstbaumbestandes werden nun in die großen Drahtkörbe geerntet, die sonst im Hof verteilt sind. Auch unsere Schweine Herkules und Odin vertilgen eifrig das grüne und rote Obst, das jetzt überall unter den Bäumen liegt. Ein Stückchen weiter hinein in den Garten steht im Herbstbeet ein alter, knorriger Baum, der wunderschöne, kleine, rote Äpfelchen trägt. Sie sind saftig, schmecken lecker und leicht süß. Aber bei mir finden sie auch in Kränzen und Deko-Arrangements Verwendung.
In diesem Jahr habe ich noch zwei Zierapfelbäumchen hinzugepflanzt, die mir schöne Miniäpfel für allerlei Tischschmuck und andere Hingucker bringen sollen! Die Sorten »Red Sentinal« und »Everest®« sind sehr zu empfehlen!

Tipp Wer seine Äpfel lagern möchte, legt Brennnesselstängel unter oder auf das Obst, dadurch wird es haltbarer.

Den Herbst einfangen

Alte Stühle vom Dachboden oder aus dem Trödelladen lassen sich wunderbar verwandeln. Dieser wird je nach Jahreszeit mit verschiedenen Naturmaterialien geschmückt. Die Sitzfläche habe ich entfernt, eine alte Emailleschale nimmt ihren Platz ein. Im Sommer ist sie mit Wasser gefüllt und darauf schwimmen Kerzen und Rosenblüten. Das Herbstarrangement wurde mit etwas Draht, Moos, Efeuranken, Äpfeln und Dahlien gefertigt. Es ist sehr langlebig, denn Verblühtes kann einfach durch etwas anderes ersetzt werden.

Ein Thron für den Herbst

Romantisches Refugium

Im Herbst verzaubert die Natur mit üppiger
Blütenpracht und einem Feuerwerk der Farben.
Die letzten warmen Tage genieße ich im Pavillon.
Mein Blick schweift über rote Dahlien und Hagebutten;
der nahegelegene Wald gleicht einem Gemälde.
Zum Dekorieren bevorzuge ich nun ruhige Farben
wie Weiß und Creme. Dahlien, Hortensienblüten,
Schneebeere, Astern und Rosen in nostalgischen
Gefäßen verbreiten romantische Stimmung.
Bald werden die Herbststürme Blätter regnen lassen.
Bevor die ersten Nachtfröste kommen, hole ich die
letzten Blüten ins Haus. Aber ich stutze nicht alles runter,
sondern schneide das meiste im Frühjahr, denn bald
sind die Samenstände und Blüten mit pelzigem Raureif
ein toller Blickfang.

Als Kinder waren wir begeistert von den Schneebeeren. Wir freuten uns über den Knall beim Zerplatzen, wenn wir sie zertraten. Die Faszination für die »Knallerbse«, wie der Strauch auch im Volksmund genannt wird, ist bis heute geblieben. Die Beeren haben einen ganz eigenen Charme und lassen sich vielseitig einsetzen. Ich binde sie gern zu Kränzen oder in üppige Sträuße. Auch einzelne »Perlen« in Schalen oder auf dem Tisch ergeben ein romantisches Bild.

*Perlen aus der Natur:
schneeweiß und zartgrün*

Willkommen im Wintermärchen

Über Nacht wurde im Garten eine weiße Decke ausgebreitet. Laternen und Windlichter mit kleinen und großen Kerzen bringen die Eiskristalle zum Funkeln. Durch diese Lichtnuancen entsteht eine märchenhafte Stimmung. Im Herbst werden meine Stauden nicht abgeschnitten und so ergeben sie nun eine wunderbare Winterkulisse. Die hohen Gräser sind gefroren, der rostige Zaun hat ein funkelndes Mäntelchen bekommen. Die kleinen geschwungenen Wege sind nur noch zu erahnen und von den verschneiten Sitzplätzen schauen schneebedeckte Engel zufrieden in die Winterwelt.
Jetzt genieße ich die Zeit vor dem flackernden Ofen. Aus der warmen Stube heraus beobachte ich die Tiere. An den Spuren im Schnee erkenne ich den Gartenrundgang meiner Katze.
An meinen Kränzen erfreuen sich die Vögel und ernten die schmackhaften Beeren.

Ein Spaß auch für Kinder: Sonnenblumenkerne, Nüsse und andere Vogelleckereien werden in geschmolzenes Kokosfett eingerührt und dieses dann in Kinderbackförmchen und kleine Tassen zum Abkühlen gegossen. Der kalte Vogelschmaus wird umgestülpt und auf einem nostalgischen Kuchengitter in Szene gesetzt. Für die Aufhängung benutze ich normale Haushaltsschnur. Die Vögel danken es mit munterem Treiben.

Zapfenstreich

Das ganze Jahr über sammle ich die unterschiedlichsten Zapfen, um damit in den Wintermonaten wunderschöne Blickpunkte zu schaffen. Ob in Kränzen, als Stillleben in Körbe und Schalen gefüllt oder einfach nur auf den Tisch gestreut – Zapfen sind die »Stars« der winterlichen Zeit. Es gibt sie groß und klein – und auch ganz kleine Zapfen wirken zu Kränzen gebunden einfach »riesengroß«.
Einige der größten Pinienzapfen haben wir aus Spanien mitgebracht. Mein Mann konnte das damals nicht verstehen: »Was willst du denn mit dem Zeug?« Ich aber schaute ganz verliebt auf meine gesammelten Kostbarkeiten. Ein halbes Jahr lang ruhten sie in einer Kiste, bis ich nun in Töpfen und anderen Arrangements ihre Schönheit zur Schau stellen konnte. Danach werden die schönsten Zapfen wieder in der Weihnachtskiste verstaut.

Vom Himmel gefallen? Mit festlichen Engelsflügeln und unterschiedlichen Zapfen schaffen wir rund um das Haus eine zauberhafte Winterstimmung.

Das Jahr klingt aus mit einem stimmungsvollen Miteinander von Tannenzapfen und selbst gebastelten Weihnachtskugeln aus altem Papier. Eine Drahthaube lässt sich einfach aus feinmaschigem Hasendraht gestalten.

Am Ende angekommen

Ich freue mich, dass Sie mich durch mein Gartenjahr begleitet haben, das sich jetzt dem Ende zuneigt. Doch für das nächste Jahr warten schon wieder viele schöne Projekte. Es gibt immer noch ungenutzte Freiflächen, die in neue Gartenzimmer verwandelt werden wollen.

Vielleicht konnten Sie eine neue Gartenidee entdecken oder den einen oder anderen Tipp umsetzen. Ich hoffe jedenfalls, dass Sie beim Lesen so viel Freude hatten wie ich, als ich dieses Buch zusammenstellte. Es wäre schön, wenn es nun nicht ganz nach hinten ins Regal verbannt würde, sondern Sie es immer wieder in die Hand nehmen, wenn Sie nach einer Inspiration für Ihren Garten suchen.

Mit den Kosmea-Samen verwandelt sich auch Ihr Garten in ein romantisches Shabby-Paradies. Ich wünsche Ihnen viel Freude damit!

Mögen Ihre Gartenprojekte gelingen und Sie all das im Garten finden, was Sie suchen!

Mit herzlichen Gartengrüßen

Ihre Belinda Anton

Danke

Ein Traum wurde wahr und einige haben mich auf diesem Weg begleitet.
Von ganzem Herzen ein Danke …
An den BusseSeewald Verlag, der mir den Weg geebnet hat und mir immer wieder mit Rat und Tat zur Seite stand.
An meinen Mann, der mich immer wieder bei meinen Projekten unterstützt und meine Träume wahr werden lässt. Ohne ihn wäre all das nicht möglich! Danke für deine Geduld, auch wenn du nicht immer nachvollziehen kannst, was mich treibt.
An Tina, die immer wieder geduldig meine Texte durchlas, um mich auch in unsicheren Momenten zu bestärken.
Auch einen Dank an meine Freunde Angela, Thomas, Nora und Annalisa, die mir Stütze auf meinem Weg waren.
An meine lieben Gartenbesucher und Bloggerfreunde, die den Anstoß zum Buch gaben.

Danke, lieber Garten

Ich danke meinem Garten, dass er mir immer wieder zur Kraftquelle wird, zu einem Ort der Inspiration, zu meinem Ruhepol. Und dass er mich beweglich hält. Durch ihn lerne ich noch immer den respektvollen Umgang mit der Natur und immer wieder großartige Menschen kennen.
Lieber Garten, ich danke dir für die Geduld und Ruhe, die du mir und all meinen Besuchern entgegenbringst.
Ich freue mich auf das nächste Gartenjahr und bin glücklich, einen Garten zu haben!

Bezugsquellen

Meine Internetseiten:

Event- und Gartenseite   www.rosenromantik.de.ki
Onlineshop   www.shabby-cottage.de
Blog   www.emelysrosecottage.blogspot.com

Pflanzenhändler und -züchter meines Vertrauens:

Rosenschule Ruf, 61231 Bad Nauheim, www.rosenschule-ruf.de
Malerrosen von Delbard, 61231 Bad Nauheim, www.rosen-goenewein.de
Pflanzenvielfalt, 79809 Weilheim, www.pflanzen-vielfalt.de
Staudengärtnerei Gaissmayer, 89257 Illertissen, www.gaissmayer.de
Lichtnelke, 21037 Hamburg, www.lichtnelke.de
Gräfin von Zeppelin, 79295 Sulzburg-Laufen/Baden, www.staudengaertnereishop.com